Vitantonio
マイボトルブレンダーで作る

ヘルシー
スムージー
レシピ

松尾みゆき

はじめに

不調を改善して健康になりたい!
キレイになりたい! と感じている方に今人気なのが
果物や野菜の栄養が丸ごととれるスムージーです。

生の野菜や果物を一度にたくさん食べるのは難しいですが、
スムージーならある程度の量を無理なく摂取することができます。

でも、「ミキサーは大きくて値段が高そう」
「作るのも洗うのも手間がかかりそう」
というイメージもあるかもしれません。

そんな方におすすめなのが
Vitantonioのマイボトルブレンダーです。

スペースをとらないコンパクトなボディで
1~2人分の少量を作ることができます。

作り方も
「<u>材料をボトルに入れる</u>」、「<u>本体にセットする</u>」、「<u>攪拌する</u>」の
3ステップでとっても簡単!

ボトルはタンブラーとして使用できるのも魅力のひとつです。

今日からマイボトルブレンダーで
毎日無理なく楽しく続けられる、
スムージー生活をはじめてみませんか?

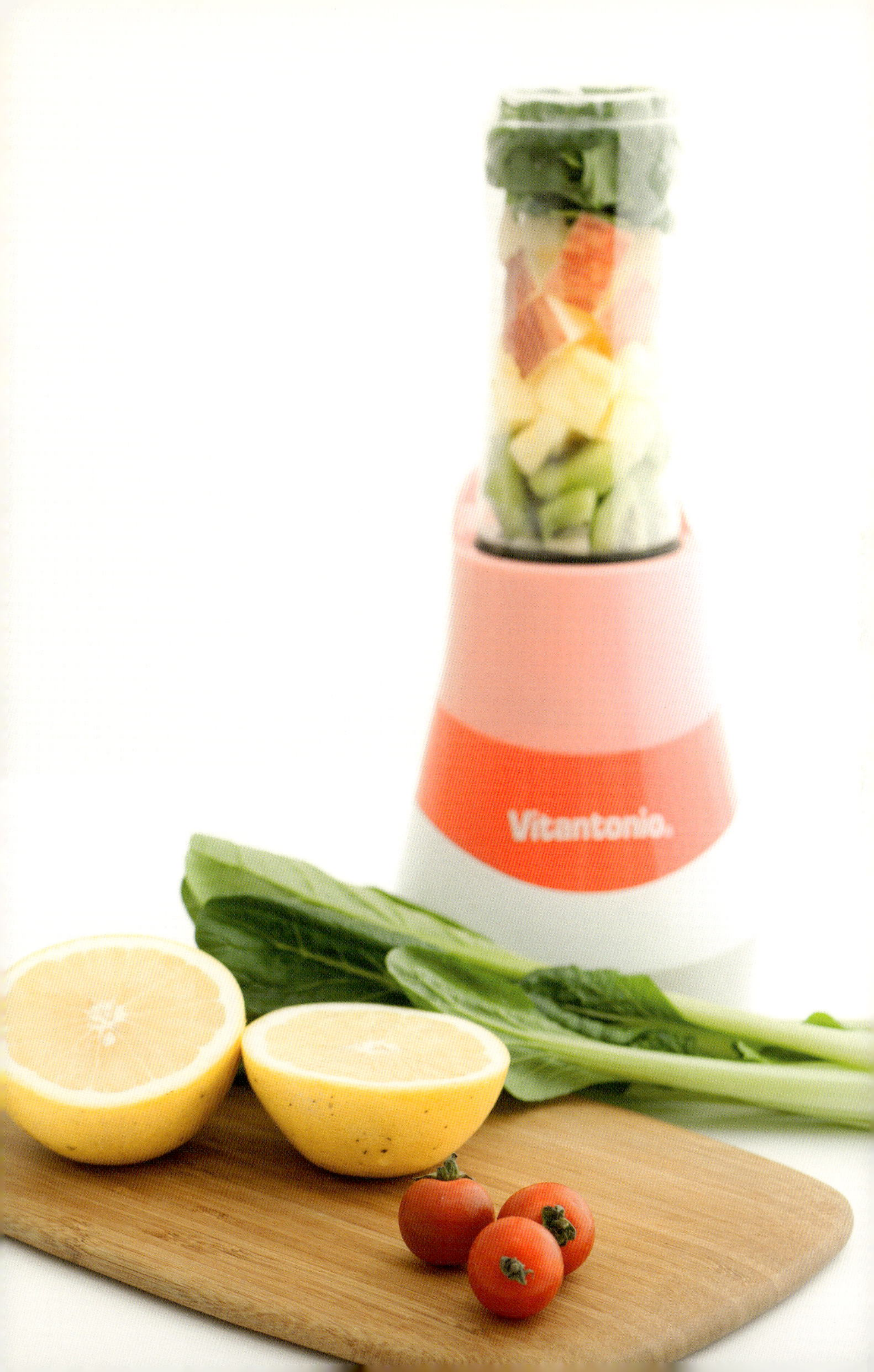
Vitantonio

CONTENTS

はじめに……2
食材からひけるスムージー早見表……6
この本の使い方と注意点……8

PART 1
スムージーの基本

スムージーの魅力……10
うれしい効果と栄養素……12
Vitantonioマイボトルブレンダー人気の秘密!……16
スムージーに必要な食材……18
スムージーの作り方……20

PART 2
果物ベースのスムージー

バナナベース……24
りんごベース……30
オレンジベース……34
キウイベース……38
グレープフルーツベース……42
パイナップルベース……46
マンゴーベース……48
いちごベース……50
アボカドベース……52

PART 3
野菜ベースのスムージー

小松菜ベース……56
にんじんベース……60
トマトベース……64

PART 4
プラス食材で効果アップ！
スペシャルスムージー

アーモンド……68
ごま……69
きなこ……70
オリゴ糖……71
酢……72
青汁パウダー……73

毎日続けるためのお役立ちテク**5**……74
おすすめの食材カタログ……78

COLUMN
食材の組み合わせ方ルール**1**……22
食材の組み合わせ方ルール**2**……54
マイボトルブレンダーが大活躍!!
スープ&ドレッシング……66

食材からひけるスムージー早見表

バナナベース		バナナ+いちご P.24		バナナ+パイナップル+パセリ P.26	
		バナナ+黄パプリカ+マンゴー P.29		バナナ+ブロッコリー+グレープフルーツ P.29	
りんごベース		りんご+チンゲン菜 P.30		りんご+オレンジ P.31	
オレンジベース		オレンジ+にんじん P.34		オレンジ+水菜+バナナ P.34	
キウイベース		キウイ+ブルーベリー P.38		キウイ+ほうれん草+バナナ P.39	
グレープフルーツベース		グレープフルーツ+チンゲン菜 P.42		ルビーグレープフルーツ+ぶどう P.42	
パイナップルベース		パイナップル+黄パプリカ P.46		パイナップル+トマト+しょうが P.47	
マンゴーベース		マンゴー+にんじん P.48		マンゴー+みかん P.49	
いちごベース		いちご+ブルーベリー P.50		いちご+りんご P.51	
アボカドベース		アボカド+パイナップル P.52		アボカド+オレンジ P.53	
小松菜ベース		小松菜+キウイ P.56		小松菜+パイナップル P.57	
にんじんベース		にんじん+いちご P.60		にんじん+パイナップル P.60	
トマトベース		トマト+りんご+セロリ P.64		ミニトマト+赤パプリカ+バナナ P.65	
スペシャルスムージー		アーモンド+ミニトマト+赤パプリカ+いちご P.68		ごま+マンゴー+パイナップル P.69	
		青汁パウダー+水菜+りんご+パイナップル P.73			

バナナ+小松菜 P.27	バナナ+トマト+セロリ P.28	バナナ+みかん+しょうが P.28
りんご+ミニトマト+ ぶどう P.32	りんご+赤パプリカ+ いちご P.33	りんご+青じそ+ グレープフルーツ P.33
オレンジ+黄パプリカ P.36	オレンジ+キャベツ+ パイナップル P.37	オレンジ+ブルーベリー+ きゅうり P.37
キウイ+いちご P.40	キウイ+アボカド+ グレープフルーツ P.41	キウイ+黄パプリカ+ みかん P.41
ルビーグレープフルーツ+ にんじん+パイナップル P.44	ルビーグレープフルーツ+ セロリ+りんご P.45	グレープフルーツ+ キャベツ+バナナ P.45
パイナップル+ ブロッコリー+バナナ P.47		
マンゴー+ほうれん草+ パイナップル P.49		
いちご+赤パプリカ+ ぶどう P.51		
アボカド+青じそ+ グレープフルーツ P.53		
小松菜+パセリ+りんご P.58	小松菜+きゅうり+バナナ P.59	小松菜+アボカド+ オレンジ P.59
にんじん+マンゴー+ 黄パプリカ P.62	にんじん+みかん+セロリ P.63	にんじん+ルビーグレープ フルーツ+しょうが P.63
トマト+ブルーベリー P.65		
きなこ+バナナ+ チンゲン菜 P.70	オリゴ糖+バナナ+ ブルーベリー+セロリ P.71	酢+パイナップル+みかん P.72

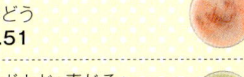

この本の使い方と注意点

- 計量の単位は大さじ1＝15㎖、小さじ1＝5㎖です。

- 材料の分量で「g表記」されているものは、皮や種などを取り除いた正味の分量です。

- スムージーのできあがりの量はマイボトルブレンダーのボトル1杯分です。

- すべてのレシピの水分量は、マイボトルブレンダーの刃がしっかりと回転するように少し多めに設定しています。

- ボトルに定格容量（400㎖）以上の食材を入れないでください。レシピ通りに入れても、果物や野菜の大きさによって400㎖を超えてしまう場合があります。その際は適宜加減してください。

- 野菜や果物はよく洗い、水気をしっかりきってから使用してください。皮や種は取り除いて使用していますが、りんごやしょうがなどは皮つきのまま使用しています。それぞれのレシピの作り方を参照してください。

- ブレンダーで攪拌する時間は、できあがりのなめらかさの好みで調節してください。

- 基本的に作ったスムージーはすぐに飲みましょう。時間がたつと栄養分が損なわれたり、分離したりするものもあります。

- スムージーを作り終わった後やタンブラーとして使用した後のボトルは、すぐに水に浸けておきましょう。ボトルについたスムージーが乾燥してかたまるのを防げ、洗うときも簡単です。

PART 1
スムージーの基本

スムージーを飲み続けることで得られるからだへのうれしい効果や、そのために必要な食材、栄養素などについて詳しく紹介します。マイボトルブレンダーの簡単な使用方法も覚えておきましょう。

スムージーの魅力

手軽に栄養をとることができると人気のスムージーは、毎日の一杯でからだにうれしい効果がたくさんあります。まずは、「スムージーってなに？」「これからはじめてみたい」という方のためにスムージーの魅力を紹介します。

\ 手軽で簡単！ /

1 食材を切ってブレンダーにかけるだけ

好みの野菜や果物をカットして、ブレンダーで攪拌(かくはん)するだけなのでとても簡単！ 手の込んだ調理法もないので、忙しい朝もラクラク。料理が苦手だなと思っている方でも失敗しにくく、安心です。

\ 飲みやすい！ /

2 おいしいので毎日続けられる

野菜や果物の甘みや酸みをうまく合わせているのでとっても飲みやすいのが特徴。青臭さが苦手な場合はヨーグルトドリンク、牛乳などの乳製品を加えるのがおすすめです。無理にたくさん飲もうとせず、おいしいと感じる量を飲みましょう。

\ 丸ごと摂取！ /

3 野菜や果物のさまざまな栄養をとれる

ビタミンやミネラルなどの加熱すると壊れやすい栄養素も、スムージーならあまり損なわれずに摂取することができます。食材をうまく組み合わせれば自分好みの味にアレンジでき、栄養の相乗効果にも期待できます。

\朝ごはんがわりに！/

4 量もとれて腹持ちバツグン

生の野菜や果物を一度にたくさん食べるのはなかなか難しいですが、スムージーにすることである程度の量を無理なく摂取することができます。また、バナナやヨーグルトを加えることで腹持ちもよくなり、朝食にもピッタリ。

\最強！生のパワー/

5 たっぷりの酵素で健康になる

酵素は50℃以上になると働きがとまってしまうので、生の食べ物からしかとれません。生の食べ物から作るスムージーは酵素たっぷり。新陳代謝を活発にして肌をキレイにしたり、からだの調子を整えたりさまざまなうれしい効果をもたらします。

酵素ってなに？

酵素は人間が生きていくために欠かせない物質で、年を重ねるごとにその生産能力は低下していきます。体内には、食べたものを消化する「消化酵素」と新陳代謝や免疫力を上げる「代謝酵素」の2つの酵素があり、1日に限られた量しか生産されません。また、2つの酵素は一定のバランスを保っているので、暴飲暴食など消化に負担のかかる食事をすると消化酵素をたくさん浪費してしまうことになり、その分代謝に使える酵素が少なくなります。消化酵素を節約して代謝酵素を増やすことが、ダイエットや健康維持のポイントになります。生の食べ物には「食物酵素」という酵素が含まれているため、消化酵素の働きを助けて代謝に使える酵素の量を増やすことができます。つまり生野菜や果物で作られるスムージーは、美しく健康でいられる魅力いっぱいの飲み物なのです。

うれしい効果と栄養素

食材にはいろいろな栄養素が含まれ、その食材の組み合わせ方によっても得られる効果はさまざま。紹介するスムージーは、「アンチエイジング」「疲労回復」「美肌効果」「便秘、むくみ、貧血の改善」、必ずいずれかの効果が得られるよう考案しています。ぜひ食材選びの参考にしてください。

効果_1 アンチエイジング

アンチエイジングには、抗酸化（老化防止）作用のある成分をとるのが効果的。主に、β-カロテン、ビタミンC、ビタミンE、ポリフェノール類（アントシアニン、イソフラボンなど）、リコピンなどがあり、からだのサビつきを防いで、若々しさを保ってくれます。

β-カロテン

にんじんなどに多く含まれるβ-カロテンは、体内で皮膚の新陳代謝を高める効果のあるビタミンAに変わるため、肌にうるおいを与えるのに役立ちます。特に乾燥肌の方におすすめです。

リコピン

リコピンとはトマトなどに含まれる赤い色素成分のこと。シミは紫外線を浴びることで発生するメラニンの生成によるもの。リコピンは、それを促す活性酸素を取り除く効果があります。

ポリフェノール

・アントシアニン

ブルーベリーやぶどうなどに含まれる紫色の色素成分のアントシアニンは、疲れ目の回復に効果があります。ぶどうは皮にアントシアニンを多く含むので、皮ごと使うのがおすすめです。

・イソフラボン

大豆に含まれる大豆イソフラボンは、若々しい肌をサポートしてくれる働きがあります。女性ホルモンと似た働きがあるのでホルモンバランスを整えるのにも有効です。

ビタミンC

いちご、キウイなどに多く含まれるビタミンCは、肌のうるおいを保ってくれるコラーゲンの生成に不可欠です。シミのもとである、メラニンの生成をおさえる効果もあります。

ビタミンE

パプリカやアボカドに多く含まれるビタミンEは、細胞膜の酸化を防ぐなどの抗酸化作用があります。ビタミンCと一緒にとることで、抗酸化作用がさらにアップします。

効果2 疲労回復

疲労には、エネルギー源となる糖質と疲労物質を分解してくれるクエン酸が効果的。一緒にとることで肉体的な疲れ、スポーツ後の疲れを回復する作用があります。

糖質

バナナやパイナップル、りんごなど、果物には糖質が多く含まれ、脳やからだのエネルギー源として働きます。疲労回復にはまず、スポーツなどで消費されたエネルギーを補給しましょう。

クエン酸

クエン酸は、みかんやグレープフルーツなどの柑橘類や酢などに多く含まれるすっぱい成分です。疲労の原因となる乳酸の生成をおさえ、肩こりや筋肉痛の予防にも役立ちます。

りんご

パイナップル

グレープフルーツ

効果_3 美肌効果

抗酸化作用＆メラニンの生成をおさえる働きのあるビタミンCや、
皮膚の新陳代謝を促すビタミンB₂が美肌、美白にとって欠かせない栄養素。
体内にストックできないのでこまめに補給することと、
ビタミンCとビタミンB₂を含む食材を組み合わせて摂取することが効果アップの秘訣です。

ビタミンC

ビタミンCは、いちごやオレンジなどに多く含まれ、シミのもとでもあるメラニンの生成をおさえる働きがあります。コラーゲンの生成にも役立ち、抗酸化作用もあります。

ビタミンB₂

ヨーグルトや牛乳などの乳製品、アーモンド、アボカドに多く含まれ、細胞の再生や成長を促進する働きがあり、肌の代謝を高める効果があります。

効果_4 便秘の改善

便秘には、スムーズな排便を促す作用のある食物繊維と、
腸内環境を整えて腸の働きを活発にする乳酸菌が効果的です。食物繊維、乳酸菌の両方を
組み合わせるとさらに効果がアップ。食物繊維の含まれた食材に、
ヨーグルトドリンクを加えてスムージーにするのがおすすめです。

食物繊維

食物繊維をとることで、便の量が増え、腸の働きが活発になり、便秘の改善へとつながります。食物繊維は不足しがちな成分なので、意識して摂取するようにしましょう。

乳酸菌

ヨーグルトに含まれる乳酸菌は、有害物質をつくる悪玉菌を抑制し、善玉菌を増やして腸内環境を整える働きがあります。便通がよくなり、新陳代謝も活溌になります。

効果_5 むくみの改善

むくみには、体内の余分なナトリウムの排出を促し、
利尿作用のあるカリウムをとるのが効果的です。
立ち仕事や、デスクワークで座ったままの生活がむくみの原因に。
運動不足、アルコールを飲むことが習慣化している人も注意しましょう。

カリウム

カリウムは果物や野菜に多く含まれ、特に豊富なのがバナナです。体内の余分なナトリウムを排出し、正常なナトリウム量に保ってくれる栄養素で、高血圧予防にも効果的です。

きゅうり　アボカド 　バナナ

効果_6 貧血の改善

鉄不足が原因で起こる鉄欠乏性貧血は、鉄を多く含むほうれん草や小松菜などの青菜類をとることが症状の改善に効果的。立ちくらみや目まいだけでなく、顔色の悪さや疲れも貧血によるもの。女性は特に不足しがちなので、意識的に鉄をとるようにしましょう。

鉄

ほうれん草、小松菜、水菜などの青菜や豆乳などの大豆製品から豊富な鉄分がとれます。ビタミンCと合わせてとることで吸収力がアップします。

ほうれん草　小松菜　豆乳

Vitantonio マイボトルブレンダー
人気の秘密！

ジューシーなカラーがかわいらしく、スリムなボディなのにハイパワー！ ビタントニオのマイボトルブレンダーはとにかく手軽さが魅力で、毎日続けたい！ という方におすすめです。
まだまだ知らないマイボトルブレンダーの人気の秘密をたっぷりと紹介します。

1～2人用のスムージー作りもラクラク

1 スリムなボディで省スペース
1杯分にちょうどよい容量400㎖のボトルとスリムなボディ。コンパクトで省スペースだから一人暮らしのキッチンにもぴったり！

2 作ってそのまま飲める新スタイル
作ったボトルでそのまま飲める新しいスタイル！ 後片付けも簡単だから、毎日気軽に使えます。

3 軽くて丈夫なトライタンボトル
ボトルは軽量で耐久性に優れたトライタン製。ほかの樹脂と比べて傷つきにくく、匂い移りが少ない！

4 ハイパワーでスピーディー
235Wのハイパワーにステンレス製の4枚刃で素早く攪拌。コンパクトでも仕上がりなめらかな本格性能。

5 吸盤でしっかり固定
本体の底は吸盤つき！ 軽量ボディにハイパワーでも、しっかり安定！

マイボトルブレンダーなら 3STEP で簡単スピーディー！

\ SET /
食材を入れてブレードをセット

\ PUSH /
本体にセットしたボトルを押すだけの簡単操作

\ DRINK /
ブレードを外してドリンク用アタッチメントをつけると、タンブラー感覚でそのまま飲める！

他のブレンダーにない魅力がいっぱい

POINT 1
仕上がりが飲みやすくなめらか
- 235Wでハイパワー。1分間に23,500回の高速回転で仕上がりはなめらか。
- 残りやすい葉野菜もおいしく仕上がります。

りんごとチンゲン菜のスムージー

POINT 2
丈夫だから持ち運びもラクラク
- 割れにくくて傷もつきにくいから、毎日のお手入れが簡単！持ち運びも安心です。

POINT 3
回転中のブレードに触れない
- 回転中のブレードに触れない安心の設計。

POINT 4
2種類のアタッチメントが使える
- ボトルに付けてそのまま飲めるドリンク用アタッチメントと、持ち運びや保存に便利なキャップの2種類のアタッチメント付き。

※外出時の長時間の持ち歩きはしないようにしましょう。

Vitantonio
マイボトルブレンダー

ボトル容器 約400ml

ウルミ　ストロベリー　マンゴー　キウイ

ドリンク用アタッチメント×1個／キャップ1個付き

スムージーに必要な食材

スムージーの組み合わせルールは簡単！ まずはレシピ通りにチャレンジし、いろいろな組み合わせを楽しみましょう。慣れてきたら、好みの味にアレンジするのもOK。

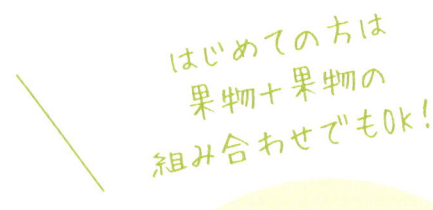

はじめての方は
果物＋果物の
組み合わせでもOK！

果物

バナナ、りんご、オレンジ、キウイ、グレープフルーツ、パイナップルなど

POINT

皮や芯、種を取り除いてから使います。りんごやぶどうなどの薄い皮は皮ごと使いましょう。

＋

野菜

小松菜、にんじん、トマト、パプリカ、キャベツなど

POINT

生食できない野菜はスムージーには不向きです。ほうれん草にはシュウ酸が含まれるので、サラダほうれん草を使うようにしましょう。

＋

水分

水、牛乳、豆乳、
ヨーグルトドリンクなど
※水は素材本来の味が楽しめ、カロリー控えめの仕上がりに。青臭さが気になるときは、乳製品にすると飲みやすい。

POINT

マイボトルブレンダーで作る際は、刃がしっかりと回転するよう水分を多めに入れるのがポイントです。

好みで"甘み"や"酸み"をプラスしてもOk

甘み はちみつ、オリゴ糖など

酸みが強くなったり、できあがりが苦いなと感じた場合は、はちみつなどの甘みを加えて調節してください。

酸み レモン、ライムなど

さっぱり飲みたいとき、葉野菜の臭みが気になるときは、レモンやライムのしぼり汁をプラスしてみましょう。

※ビタントニオで作るスムージーは、水分を多めにしているため、味のバランスを整えるためはちみつやレモン汁を加えています。飲み慣れていなければ増やすなどして加減をしてください。

マイボトルブレンダーだから超簡単!

スムージーの作り方

マイボトルブレンダーでさっそくスムージーを作ってみましょう。カット、セット、攪拌の"3ステップ"だからとっても簡単! そのほかにも、おいしく作るポイントや毎日続けるためのテクニックなども紹介します。

1 材料をカット

材料は2cm角程度に切る。

2 ブレンダーにセット

葉野菜、かたい食材、やわらかい食材、水分の順にボトルに入れ、ブレードを取り付け、本体にセット。

3 攪拌する

本体にセットしたボトルを押す。つぶつぶがなくなるまで攪拌する。

使い方のPOINT
刃がうまく回らないときは

食材にひっかかって刃がうまく回らないときは、一度ボトルを本体から取り外し、上下に振ります。

4 完成

ボトルからブレードを取り外し、ドリンク用アタッチメントをつけると、タンブラー感覚でそのまま飲める!

おいしく作るPOINT

1 厚い皮はむく

柑橘類、パイナップル、アボカド、バナナなどの厚い皮はむく。りんごやぶどうなどの薄い皮は、気にならなければむかなくてもかまいませんが、しっかりと洗ってから使いましょう。

2 かたい種は取り除く

柑橘類、アボカド、ぶどうなどのかたい種は取り除く。

3 2cm角に切る

材料を2cm角程度に切る。大きすぎると刃がうまく回らない場合があり、故障の原因にもなるので、小さめにカットしましょう。

4 入れる順番に注意する

↑やわらかい
↓かたい

葉野菜→水分の少ないかたい食材(りんご、にんじん、バナナなど)→水分の多いやわらかい食材(柑橘類など)→液体の順にボトルに入れると効率よく攪拌できます。

忙しい朝もラクラク&おいしいテクもチェック！ 詳しくはP.74へ➡

前日にカット！ 
前日の夜に食材をカットしておけば、朝に包丁を使う手間が省けてラクチン。

前日にセット！ 
前日の夜に食材をカットしてボトルに入れておけば当日は水分を入れて攪拌するだけ！

冷凍食材を利用！ 
市販の冷凍食材を利用すれば、もっと簡単！

COLUMN 1

ルール1

食材の組み合わせ方

自分の好きな食材を組み合わせて、おいしいと感じるオリジナルの一杯を作ってみましょう。好みの味を見つけるコツを紹介します。

おいしい&飲みやすい

味の組み合わせ

健康のため、美容のためにと毎日飲みたいスムージーも、おいしくなければ続きません。まずは、自分がどんな味が好きなのかを考えて食材を選んでみましょう。「青臭いのが苦手」なら、まずは野菜を入れずに果物だけにしてみてください。「甘い味が好み」なら甘みが強い果物を選ぶと飲みやすくなります。食材次第でスムージーの味は何通りにも変化しますよ。

\ スムージーは初めてです… /

青臭いのは苦手 →

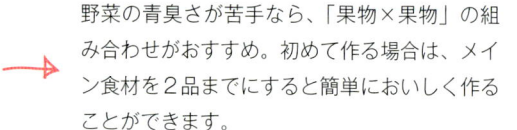

野菜の青臭さが苦手なら、「果物×果物」の組み合わせがおすすめ。初めて作る場合は、メイン食材を2品までにすると簡単においしく作ることができます。

\ おやつ代わりに飲みたい /

とにかく甘い味が好み →

甘い味が好きなら、バナナやりんご、パイナップル、いちご、マンゴーなどの甘みの強い果物がおすすめ。にんじん、トマトなどの甘みが強い野菜も◎。

\ 朝の目覚めの一杯に /

さっぱり&スッキリとした飲み口が好み →

オレンジ、みかん、グレープフルーツなどの柑橘系の果物やキウイがおすすめ。酸味が強いなと感じたときは、りんごやバナナを合わせると飲みやすくなります。パプリカやきゅうり、セロリなどの野菜もおすすめです。

PART 2
果物ベースのスムージー

バナナやりんご、オレンジ、キウイ、パイナップルなど、
手に入りやすく、使いやすい果物ばかりを集めました。
食材ごとにバリエーションが増やせるレシピ展開です。

飲みやすくて、子どもにもおすすめ！
バナナ+いちご

【材料】ボトル1杯分
バナナ……1本
いちご……5個
はちみつ……小さじ1
牛乳……150㎖

【作り方】
1　バナナは皮をむき、2cm角程度に切る。いちごはへたを取り、2cm角程度に切る。
2　ボトルにバナナ、いちご、はちみつ、牛乳の順に入れ、攪拌する。

効果

アンチエイジング	疲労回復
美肌効果	便秘改善
むくみ改善	貧血改善

バナナに含まれる**カリウム**は、むくみの原因ともなる体内の余分なナトリウムの排出を促してくれます。いちごは美肌やアンチエイジングに効果的な**ビタミンC**の含有量が豊富。

バナナベース

朝の忙しいときでもラクラク
バナナ＋パイナップル＋パセリ

【材料】ボトル1杯分
バナナ……1本
パイナップル……50g
パセリ……5g
はちみつ……小さじ1
レモン汁……小さじ1
水……150㎖

【作り方】

1. パセリは茎を取り除く。バナナは皮をむき、2㎝角程度に切る。パイナップルは皮と芯を取り除き、2㎝角程度に切る。
2. ボトルにパセリ、バナナ、パイナップル、はちみつ、レモン汁、水の順に入れ、攪拌する。

効果

アンチエイジング	疲労回復
美肌効果	便秘改善
むくみ改善	貧血改善

パイナップルに含まれる**ビタミンC**とパセリに含まれる**β-カロテン**には抗酸化作用があり、アンチエイジング効果がさらにアップします。

バナナの甘みで小松菜がグンと飲みやすく！
バナナ＋小松菜

【材料】ボトル1杯分
バナナ……1本
小松菜……1/8束
はちみつ……小さじ1
無調整豆乳……150㎖

【作り方】
1. 小松菜は2㎝長さに切る。バナナは皮をむき、2㎝角程度に切る。
2. ボトルに小松菜、バナナ、はちみつ、豆乳の順に入れ、攪拌する。

効果
アンチエイジング	疲労回復
美肌効果	便秘改善
むくみ改善	貧血改善

小松菜と豆乳には**鉄**が多く含まれるので、貧血の改善に効果的。豆乳を入れることでスムージーも飲みやすくなり、アンチエイジングにうれしい**イソフラボン**もプラス。

バナナベース

バナナとヨーグルト入りで腹持ちバツグン！
バナナ＋トマト＋セロリ

【材料】ボトル1杯分
バナナ……1本
トマト……1/2個
セロリ……1/5本
はちみつ……小さじ1
レモン汁……小さじ1
ヨーグルトドリンク
　　……150ml

【作り方】
1　バナナは皮をむき、2cm角程度に切る。セロリは2cm角程度に切る。トマトはへたを取り、2cm角程度に切る。

2　ボトルにバナナ、セロリ、トマト、はちみつ、レモン汁、ヨーグルトドリンクの順に入れ、攪拌する。

効果
アンチエイジング	美容効果
美肌効果	便秘改善
むくみ改善	貧血改善

甘さの中にピリッとしょうがが効く
バナナ＋みかん＋しょうが

【材料】ボトル1杯分
バナナ……1本
みかん……1個
しょうが……1/4かけ
はちみつ……小さじ1
レモン汁……小さじ1
水……100ml

【作り方】
1　バナナは皮をむき、2cm角程度に切る。みかんは皮をむき、小房に分ける。しょうがはすりおろす。

2　ボトルにバナナ、みかん、しょうが、はちみつ、レモン汁、水の順に入れ、攪拌する。

効果
アンチエイジング	疲労回復
美肌効果	便秘改善
むくみ改善	貧血改善

後からふんわりとパプリカが香ります
バナナ＋黄パプリカ＋マンゴー

【材料】ボトル1杯分
バナナ……1本
黄パプリカ……1/4個
ペリカンマンゴー
　　……1/4個
はちみつ……小さじ1
レモン汁……小さじ1
水……150mℓ

【作り方】
1　バナナは皮をむき、2cm角程度に切る。パプリカはへたと種を取り除き、2cm角程度に切る。マンゴーは皮と種を取り除き、2cm角程度に切る。

2　ボトルにバナナ、パプリカ、マンゴー、はちみつ、レモン汁、水の順に入れ、攪拌する。

効果
アンチエイジング	疲労回復
美肌効果	便秘改善
むくみ改善	貧血改善

バナナベース

グレープフルーツの苦みが大人の味
バナナ＋ブロッコリー＋グレープフルーツ

【材料】ボトル1杯分
バナナ……1本
ブロッコリー……30g
グレープフルーツ
　　……1/4個
はちみつ……小さじ2
水……100mℓ

【作り方】
1　バナナは皮をむき、2cm角程度に切る。ブロッコリーは2cm角程度に切る。グレープフルーツは皮と種を取り除き、2cm角程度に切る。

2　ボトルにバナナ、ブロッコリー、グレープフルーツ、はちみつ、水の順に入れ、攪拌する。

効果
アンチエイジング	疲労回復
美肌効果	便秘改善
むくみ改善	貧血改善

豆乳をプラスしてまろやかに仕上げて
りんご＋チンゲン菜

【材料】ボトル1杯分
りんご……1/3個
チンゲン菜……1/2株
はちみつ……小さじ2
レモン汁……小さじ1
無調整豆乳……150mℓ

【作り方】
1 チンゲン菜は2cm長さに切る。りんごは芯と種を取り除き、2cm角程度に切る。
2 ボトルにチンゲン菜、りんご、はちみつ、レモン汁、豆乳の順に入れ、攪拌する。

効果
アンチエイジング	疲労回復
美肌効果	便秘改善
むくみ改善	貧血改善

鉄不足の鉄欠乏性貧血には、**鉄**を多くとることが大切です。チンゲン菜や豆乳には鉄が多く含まれるので貧血の改善に効果的。特に女性は鉄が不足しがちなのでおすすめです。

オレンジの酸味ですっきりさわやか
りんご＋オレンジ

【材料】ボトル1杯分
りんご……1/3個
オレンジ……1/2個
はちみつ……小さじ1
レモン汁……小さじ1
水……100mℓ

【作り方】
1. りんごは芯と種を取り除き、2cm角程度に切る。オレンジは皮と種を取り除き、2cm角程度に切る。
2. ボトルにりんご、オレンジ、はちみつ、レモン汁、水の順に入れ、攪拌する。

効果
アンチエイジング	疲労回復
美肌効果	便秘改善
むくみ改善	貧血改善

オレンジは**クエン酸**の含有量が豊富です。果物やはちみつなどに含まれる**糖質**と一緒にとることで疲労回復に効果的。りんごは皮に**食物繊維**を含むので、皮ごと使いましょう。

りんごベース

フルーツの甘さが引き立つおいしさ
りんご＋ミニトマト＋ぶどう

【材料】ボトル1杯分
りんご……1/3個
ミニトマト……5個
ぶどう……大3個
はちみつ……小さじ2
レモン汁……小さじ1
水……100㎖

【作り方】
1 りんごは芯と種を取り除き、2cm角程度に切る。ミニトマトはへたを取り、4等分に切る。ぶどうは4等分に切り、種を取り除く。
2 ボトルにりんご、ミニトマト、ぶどう、はちみつ、レモン汁、水の順に入れ、攪拌する。

効果

アンチエイジング	疲労回復
美肌効果	便秘改善
むくみ改善	貧血改善

ミニトマトに含まれる**リコピン**には抗酸化作用があるのでアンチエイジングに効果的。ぶどうの皮には目の疲れに効果的な**アントシアニン**が豊富なので皮ごと使いましょう。

淡いピンクがかわいいスムージー
りんご＋赤パプリカ＋いちご

【材料】ボトル1杯分
りんご……1/3個
赤パプリカ……1/4個
いちご……3個
はちみつ……小さじ1
ヨーグルトドリンク
　……150mℓ

【作り方】

1　りんごは芯と種を取り除き、2cm角程度に切る。パプリカはへたと種を取り除き、2cm角程度に切る。いちごはへたを取り、2cm角程度に切る。

2　ボトルにりんご、パプリカ、いちご、はちみつ、ヨーグルトドリンクの順に入れ、攪拌する。

効果
アンチエイジング	疲労回復
美肌効果	便秘改善
むくみ改善	貧血改善

りんごベース

青じそでさわやかな味。夏にピッタリです
りんご＋青じそ＋グレープフルーツ

【材料】ボトル1杯分
りんご……1/2個
青じそ……4枚
グレープフルーツ
　……1/4個
はちみつ……小さじ2
水……100mℓ

【作り方】

1　青じそは2cm角程度に切る。りんごは芯と種を取り除き、2cm角程度に切る。グレープフルーツは皮と種を取り除き、2cm角程度に切る。

2　ボトルに青じそ、りんご、グレープフルーツ、はちみつ、水の順に入れ、攪拌する

効果
アンチエイジング	疲労回復
美肌効果	便秘改善
むくみ改善	貧血改善

オレンジ色が鮮やかな さわやかスムージー
オレンジ+にんじん

【材料】ボトル1杯分
オレンジ……1個
にんじん……1/4本
はちみつ……小さじ2
レモン汁……小さじ1
牛乳……100mℓ

【作り方】
1 にんじんは2cm角程度に切る。オレンジは皮と種を取り除き、2cm角程度に切る。
2 ボトルににんじん、オレンジ、はちみつ、レモン汁、牛乳の順に入れ、攪拌する。

効果

アンチエイジング	疲労回復
美肌効果	便秘改善
むくみ改善	貧血改善

にんじんは**β-カロテン**を豊富に含むのでアンチエイジングに効果があります。**ビタミンC**を含むオレンジと、**ビタミンB₂**を含む牛乳を合わせることで、美肌にも◎。

バナナを加えれば 朝の栄養補給もバッチリ
オレンジ+水菜+バナナ

【材料】ボトル1杯分
オレンジ……1個
水菜……1/8束
バナナ……1/2本
はちみつ……小さじ1
レモン汁……小さじ1
水……100mℓ

【作り方】
1 水菜は2cm長さに切る。バナナは皮をむき、2cm角程度に切る。オレンジは皮と種を取り除き、2cm角程度に切る。
2 ボトルに水菜、バナナ、オレンジ、はちみつ、レモン汁、水の順に入れ、攪拌する。

効果

アンチエイジング	疲労回復
美肌効果	便秘改善
むくみ改善	貧血改善

オレンジ、水菜、バナナともに**カリウム**が豊富で、むくみの改善に最適です。食材が新鮮なほど、カリウムの含有量が多いので、なるべくフレッシュなものを使いましょう。

オレンジ
ベース

35

疲れたからだにクエン酸をたっぷりと
オレンジ+黄パプリカ

【材料】 ボトル1杯分
オレンジ……1個
黄パプリカ……1/3個
はちみつ……小さじ1
ヨーグルトドリンク……100㎖

【作り方】

1　パプリカはへたと種を取り除き、2㎝角程度に切る。オレンジは皮と種を取り除き、2㎝角程度に切る。
2　ボトルにパプリカ、オレンジ、はちみつ、ヨーグルトドリンクの順に入れ、攪拌する。

効果

アンチエイジング	疲労回復
美肌効果	便秘改善
むくみ改善	貧血改善

オレンジと黄パプリカに多く含まれる**ビタミンC**は、免疫力アップにも効果的。オレンジには疲労物質を分解する働きのある**クエン酸**が豊富なので、疲れたからだにおすすめです。

さっぱりとしたバランスのよい甘さ
オレンジ+キャベツ+パイナップル

【材料】ボトル1杯分
オレンジ……1個
キャベツ……1/2枚
パイナップル……50g
はちみつ……小さじ2
レモン汁……小さじ1
水……100㎖

【作り方】

1　キャベツは2cm角程度に切る。パイナップルは皮と芯を取り除き、2cm角程度に切る。オレンジは皮と種を取り除き、2cm角程度に切る。

2　ボトルにキャベツ、パイナップル、オレンジ、はちみつ、レモン汁、水の順に入れ、攪拌する。

効果
アンチエイジング	疲労回復
美肌効果	便秘改善
むくみ改善	貧血改善

オレンジベース

甘酸っぱさがやみつきの味に
オレンジ+ブルーベリー+きゅうり

【材料】ボトル1杯分
オレンジ……1個
ブルーベリー……30g
きゅうり……1/4本
はちみつ……小さじ2
レモン汁……小さじ1/2
水……100㎖

【作り方】

1　きゅうりはへたを取り、2cm角程度に切る。オレンジは皮と種を取り除き、2cm角程度に切る。

2　ボトルにきゅうり、ブルーベリー、オレンジ、はちみつ、レモン汁、水の順に入れ、攪拌する。

効果
アンチエイジング	疲労回復
美肌効果	便秘改善
むくみ改善	貧血改善

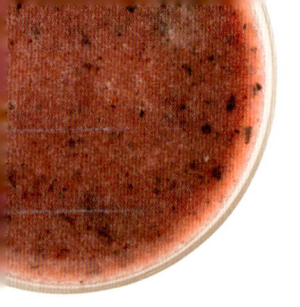

すっきりとした味が目覚めの一杯におすすめ！
キウイ＋ブルーベリー

【材料】ボトル1杯分
キウイフルーツ……1個
ブルーベリー……50g
はちみつ……小さじ2
水……150㎖

【作り方】
1 キウイは皮をむき、2cm角程度に切る。
2 ボトルにブルーベリー、キウイ、はちみつ、水の順に入れ、攪拌する。

効果

アンチエイジング	疲労回復
美肌効果	便秘改善
むくみ改善	冷え改善

ブルーベリーには**アントシアニン**、キウイには**ビタミンE**や**ビタミンC**が含まれ、どれもアンチエイジングにうれしい効果があります。

ほうれん草をキウイやバナナで飲みやすく
キウイ＋ほうれん草＋バナナ

【材料】 ボトル1杯分
キウイフルーツ……1個
サラダほうれん草……30g
バナナ……1/2本
はちみつ……小さじ2
レモン汁……小さじ1/2
牛乳……150ml

【作り方】
1. ほうれん草は2cm長さに切る。バナナは皮をむき、2cm角程度に切る。キウイは皮をむき、2cm角程度に切る。
2. ボトルにほうれん草、バナナ、キウイ、はちみつ、レモン汁、牛乳の順に入れ、撹拌する。

キウイベース

効果

アンチエイジング	疲労回復
美肌効果	便秘改善
むくみ改善	貧血改善

ほうれん草や牛乳には、不足しがちな**カルシウム**が豊富。丈夫な骨や歯を作るのに必要な栄養素のうえ、神経の興奮を鎮める作用もあるのでイライラの改善にも効果があります。

ダブルの酸味ですっきりとした味に
キウイ＋いちご

【材料】ボトル1杯分
キウイフルーツ……1個
いちご……8個
はちみつ……小さじ2
水……150㎖

【作り方】
1 いちごはへたを取り、2cm角程度に切る。キウイは皮をむき、2cm角程度に切る。
2 ボトルにいちご、キウイ、はちみつ、水の順に入れ、攪拌する。

効果

アンチエイジング	便秘回復
美肌効果	便秘改善
むくみ改善	貧血改善

キウイ、いちごともに**ビタミンC**が豊富でアンチエイジングに効果的な組み合わせ。どちらも**カリウム**を含むのでむくみにも◎。

アボカドが入った濃厚な一杯
キウイ+アボカド+グレープフルーツ

【材料】ボトル1杯分
キウイフルーツ……1個
アボカド……1/4個
グレープフルーツ
　……1/2個
はちみつ……大さじ1
ヨーグルトドリンク
　……100㎖

【作り方】
1　アボカドは皮と種を取り除き、2cm角程度に切る。キウイは皮をむき、2cm角程度に切る。グレープフルーツは皮と種を取り除き、2cm角程度に切る。

2　ボトルにアボカド、キウイ、グレープフルーツ、はちみつ、ヨーグルトドリンクの順に入れ、攪拌する。

効果
アンチエイジング	疲労回復
美肌効果	便秘改善
むくみ改善	貧血改善

キウイベース

ビタミンCとカリウムがたっぷり
キウイ+黄パプリカ+みかん

【材料】ボトル1杯分
キウイフルーツ……1個
黄パプリカ……1/4個
みかん……1個
はちみつ……小さじ2
水……100㎖

【作り方】
1　パプリカはへたと種を取り除き、2cm角程度に切る。キウイは皮をむき、2cm角程度に切る。みかんは皮をむき、小房に分ける。

2　ボトルにパプリカ、キウイ、みかん、はちみつ、水の順に入れ、攪拌する。

効果
アンチエイジング	疲労回復
美肌効果	便秘改善
むくみ改善	貧血改善

クセの少ないチンゲン菜は
初心者におすすめ
グレープフルーツ+チンゲン菜

【材料】ボトル1杯分
グレープフルーツ……1/2個
チンゲン菜……1/2株
はちみつ……小さじ2
ヨーグルトドリンク……100ml

【作り方】
1. チンゲン菜は2cm長さに切る。グレープフルーツは皮と種を取り除き、2cm角程度に切る。
2. ボトルにチンゲン菜、グレープフルーツ、はちみつ、ヨーグルトドリンクの順に入れ、攪拌する。

効果

アンチエイジング	疲労回復
美肌効果	便秘改善
むくみ改善	貧血改善

美肌に効果的な**ビタミンC**と**ビタミンB₂**、アンチエイジングに効果的な**β-カロテン**と**ビタミンC**が豊富な一杯で、さまざまな角度から美容に役立ちます。

一杯で
フルーツのみずみずしさを感じて
ルビーグレープフルーツ+ぶどう

【材料】ボトル1杯分
ルビーグレープフルーツ……1個
ぶどう……大5個
はちみつ……大さじ1
水……100ml

【作り方】
1. ぶどうは4等分に切り、種を取り除く。グレープフルーツは皮と種を取り除き、2cm角程度に切る。
2. ボトルにぶどう、グレープフルーツ、はちみつ、水の順に入れ、攪拌する。

効果

アンチエイジング	疲労回復
美肌効果	便秘改善
むくみ改善	貧血改善

グレープフルーツに含まれる**ビタミンC**とぶどうの皮に含まれる**アントシアニン**がアンチエイジングに◎。ぶどうは皮の紫色の色素成分がアントシアニンなので皮ごと使いましょう。

グレープフルーツ
ベース

パインの酵素パワーには消化を促進する働きが

ルビーグレープフルーツ＋にんじん＋パイナップル

【材料】ボトル1杯分
ルビーグレープフルーツ……1/2個
にんじん……1/5本
パイナップル……50g
はちみつ……大さじ1
水……100mℓ

【作り方】

1. にんじんは2cm角程度に切る。パイナップルは皮と芯を取り除き、2cm角程度に切る。グレープフルーツは皮と種を取り除き、2cm角程度に切る。
2. ボトルににんじん、パイナップル、グレープフルーツ、はちみつ、水の順に入れ、攪拌する。

効果

アンチエイジング	疲労回復
美肌効果	便秘改善
むくみ改善	貧血改善

パイナップル、グレープフルーツともに**ビタミンC**が豊富。**β-カロテン**が豊富なにんじんも加えて、アンチエイジングに効く一杯に。

セロリの香りで気持ちがリフレッシュ
ルビーグレープフルーツ+セロリ+りんご

【材料】ボトル1杯分
ルビーグレープフルーツ……1/2個
セロリ……1/5本
りんご……1/4個
はちみつ……大さじ1
水……100㎖

【作り方】

1　りんごは芯と種を取り除き、2㎝角程度に切る。セロリは2㎝角程度に切る。グレープフルーツは皮と種を取り除き、2㎝角程度に切る。

2　ボトルにりんご、セロリ、グレープフルーツ、はちみつ、水の順に入れ、攪拌する。

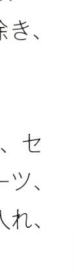

効果
アンチエイジング	疲労回復
美肌効果	便秘改善
むくみ改善	貧血改善

ベース：グレープフルーツ

飲み口がさらりとして、初めて飲む人に◎
グレープフルーツ+キャベツ+バナナ

【材料】ボトル1杯分
グレープフルーツ……1/2個
キャベツ……1/2枚
バナナ……1/2本
はちみつ……大さじ1
水……100㎖

【作り方】

1　キャベツは2㎝角程度に切る。バナナは皮をむき、2㎝角程度に切る。グレープフルーツは皮と種を取り除き、2㎝角程度に切る。

2　ボトルにキャベツ、バナナ、グレープフルーツ、はちみつ、水の順に入れ、攪拌する。

効果
アンチエイジング	疲労回復
美肌効果	便秘改善
むくみ改善	貧血改善

鮮やかなビタミンカラーで元気いっぱい
パイナップル＋黄パプリカ

【材料】ボトル1杯分
パイナップル……150g
黄パプリカ……1/3個
はちみつ……小さじ2
レモン汁……小さじ1/2
水……150ml

【作り方】

1 パプリカはへたと種を取り除き、2㎝角程度に切る。パイナップルは皮と芯を取り除き、2㎝角程度に切る。
2 ボトルにパプリカ、パイナップル、はちみつ、レモン汁、水の順に入れ、攪拌する。

効果

アンチエイジング	疲労回復
美肌効果	便秘改善
むくみ改善	貧血改善

パイナップルと黄パプリカには、**ビタミンC**が豊富。ビタミンCは水に溶けやすいので、食材を水洗いしたらすぐに使うのがポイントです。

パイン×トマトは相性抜群の組み合わせ
パイナップル+トマト+しょうが

【材料】ボトル1杯分
パイナップル……100g
トマト……1/2個
しょうが……1/4かけ
はちみつ……小さじ2
レモン汁……小さじ1/2
水……100mℓ

【作り方】
1　パイナップルは皮と芯を取り除き、2cm角程度に切る。トマトはへたを取り、2cm角程度に切る。しょうがはすりおろす。

2　ボトルにパイナップル、トマト、しょうが、はちみつ、レモン汁、水の順に入れ、攪拌する。

効果
アンチエイジング	疲労回復
美肌効果	便秘改善
むくみ改善	貧血改善

パイナップルベース

ブロッコリーをフルーツで飲みやすく
パイナップル+ブロッコリー+バナナ

【材料】ボトル1杯分
パイナップル……100g
ブロッコリー……30g
バナナ……1/2本
はちみつ……小さじ2
レモン汁……小さじ1/2
ヨーグルトドリンク……150mℓ

【作り方】
1　バナナは皮をむき、2cm角程度に切る。ブロッコリーは2cm角程度に切る。パイナップルは皮と芯を取り除き、2cm角程度に切る。

2　ボトルにバナナ、ブロッコリー、パイナップル、はちみつ、レモン汁、ヨーグルトドリンクの順に入れ、攪拌する。

効果
アンチエイジング	疲労回復
美肌効果	便秘改善
むくみ改善	貧血改善

マンゴーの甘みが際立ちます
マンゴー＋にんじん

【材料】ボトル1杯分
ペリカンマンゴー……1個
にんじん……1/4本
はちみつ……小さじ2
無調整豆乳……150㎖

【作り方】
1 にんじんは2cm角程度に切る。マンゴーは皮と種を取り除き、2cm角程度に切る。
2 ボトルににんじん、マンゴー、はちみつ、豆乳の順に入れ、攪拌する。

効果

アンチエイジング	疲労回復
美肌効果	便秘改善
むくみ改善	貧血改善

マンゴーは**β-カロテン**、**ビタミンC**など、抗酸化作用のある成分が豊富で、にんじんは**β-カロテン**含有量が野菜の中でもトップクラス！ダブルでアンチエイジングに効果を発揮。

デザート感覚で飲める一杯
マンゴー+みかん

【材料】ボトル1杯分
ペリカンマンゴー
　……1個
みかん……1個
はちみつ……小さじ2
レモン汁……小さじ1/2
水……100㎖

【作り方】
1　マンゴーは皮と種を取り除き、2㎝角程度に切る。みかんは皮をむき、小房に分ける。

2　ボトルにマンゴー、みかん、はちみつ、レモン汁、水の順に入れ、攪拌する。

効果
アンチエイジング	疲労回復
美肌効果	便秘改善
むくみ改善	貧血改善

マンゴーベース

飲みやすいグリーンのスムージーです
マンゴー+ほうれん草+パイナップル

【材料】ボトル1杯分
ペリカンマンゴー
　……1個
サラダほうれん草
　……30g
パイナップル……50g
はちみつ……小さじ2
レモン汁……小さじ1/2
水……150㎖

【作り方】
1　ほうれん草は2㎝長さに切る。パイナップルは皮と芯を取り除き、2㎝角程度に切る。マンゴーは皮と種を取り除き、2㎝角程度に切る。

2　ボトルにほうれん草、パイナップル、マンゴー、はちみつ、レモン汁、水の順に入れ、攪拌する。

効果
アンチエイジング	疲労回復
美肌効果	便秘改善
むくみ改善	貧血改善

ダブルのベリーパワーで美容効果アップ
いちご＋ブルーベリー

【材料】 ボトル1杯分
いちご……8個
ブルーベリー……30g
はちみつ……小さじ1
ヨーグルトドリンク……150㎖

【作り方】
1 いちごはへたを取り、2㎝角程度に切る。
2 ボトルにブルーベリー、いちご、はちみつ、ヨーグルトドリンクの順に入れ、攪拌する。

効果

アンチエイジング	疲労回復
美肌効果	便秘改善
むくみ改善	貧血改善

ブルーベリーに含まれる**アントシアニン**は、アンチエイジングや目の疲れに効果的です。**食物繊維**も多く、**乳酸菌**が豊富なヨーグルトと組み合わせることで便秘の改善効果が。

さっぱりした酸味で飽きのこない味わい
いちご＋りんご

【材料】ボトル1杯分
いちご……8個
りんご……1/4個
はちみつ……小さじ2
レモン汁……小さじ1
水……150㎖

【作り方】
1　りんごは芯と種を取り除き、2㎝角程度に切る。いちごはへたを取り、2㎝角程度に切る。

2　ボトルにりんご、いちご、はちみつ、レモン汁、水の順に入れ、攪拌する。

効果
アンチエイジング	疲労回復
美肌効果	便秘改善
むくみ改善	貧血改善

いちごベース

ぶどうのつぶつぶ食感を楽しんで
いちご＋赤パプリカ＋ぶどう

【材料】ボトル1杯分
いちご……5個
赤パプリカ……1/4個
ぶどう……大5個
はちみつ……小さじ2
レモン汁……小さじ1
水……150㎖

【作り方】
1　パプリカはへたと種を取り除き、2㎝角程度に切る。いちごはへたを取り、2㎝角程度に切る。ぶどうは4等分に切り、種を取り除く。

2　ボトルにパプリカ、いちご、ぶどう、はちみつ、レモン汁、水の順に入れ、攪拌する。

効果
アンチエイジング	疲労回復
美肌効果	便秘改善
むくみ改善	貧血改善

コクのあるまろやかな味のスムージー
アボカド＋パイナップル

【材料】ボトル1杯分
アボカド……1/2個
パイナップル……100g
はちみつ……小さじ2
レモン汁……小さじ1
牛乳……200㎖

【作り方】
1 アボカドは皮と種を取り除き、2㎝角程度に切る。パイナップルは皮と芯を取り除き、2㎝角程度に切る。
2 ボトルにアボカド、パイナップル、はちみつ、レモン汁、牛乳の順に入れ、攪拌する。

効果

アンチエイジング	疲労回復
美肌効果	便秘改善
むくみ改善	貧血改善

アボカドは、むくみに効果的な**カリウム**や、アンチエイジングに効果的な**ビタミンE**が豊富。**ビタミンB₂**も多く、パイナップルの**ビタミンC**と一緒にとることで美肌効果アップ。

トロッとした食感で飲みごたえ十分
アボカド＋オレンジ

【材料】ボトル1杯分
アボカド……1/2個
オレンジ……1個
はちみつ……小さじ1
レモン汁……小さじ1
ヨーグルトドリンク
　　……150ml

【作り方】
1　アボカドは皮と種を取り除き、2cm角程度に切る。オレンジは皮と種を取り除き、2cm角程度に切る。

2　ボトルにアボカド、オレンジ、はちみつ、レモン汁、ヨーグルトドリンクの順に入れ、撹拌する。

効果
アンチエイジング	疲労回復
美肌効果	便秘改善
むくみ改善	貧血改善

アボカドベース

しその風味がからだにしみる
アボカド＋青じそ＋グレープフルーツ

【材料】ボトル1杯分
アボカド……1/2個
青じそ……4枚
グレープフルーツ
　　……1/2個
はちみつ……大さじ1
水……150ml

【作り方】
1　青じそは2cm角程度に切る。アボカドは皮と種を取り除き、2cm角程度に切る。グレープフルーツは皮と種を取り除き、2cm角程度に切る。

2　ボトルに青じそ、アボカド、グレープフルーツ、はちみつ、水の順に入れ、撹拌する。

効果
アンチエイジング	疲労回復
美肌効果	便秘改善
むくみ改善	貧血改善

COLUMN 2

食材の組み合わせ方

ルール2

食材の組み合わせ次第で、さまざまな色が楽しめるのもスムージーの魅力。見た目にもおいしそう！と感じられる組み合わせのコツを紹介します。

できあがりがきれい！

色の組み合わせ

せっかく作るのであれば、おいしそう！と感じられる色にもこだわりたいもの。青菜などの緑色の濃い食材と赤パプリカやトマトなどの赤色が濃い食材を組み合わせると濁った茶色のスムージーができあがるので、濃い緑や赤の食材を使うときは、同色系の食材を組み合わせるのがポイントです。

赤＋赤
ミニトマト
赤パプリカ

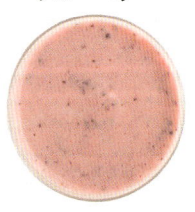

赤＋オレンジ
いちご
にんじん

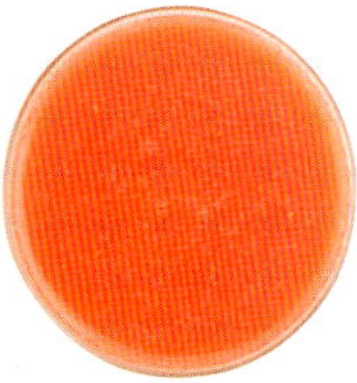

赤＋紫
トマト
ブルーベリー

緑＋黄
小松菜
パイナップル

緑＋緑
小松菜
キウイ

黄＋オレンジ
マンゴー
みかん

PART 3
野菜ベースのスムージー

小松菜、にんじん、トマトをメインに使ったレシピを紹介します。野菜の青臭さが苦手な方でもおいしく飲めるように考案した、果物をバランス良くプラスしているレシピはどれもおすすめです。

はじめはヨーグルトを入れて飲みやすく
小松菜+キウイ

【材料】ボトル1杯分
小松菜……1/6束
キウイフルーツ……1個
はちみつ……小さじ2
ヨーグルトドリンク……150mℓ

【作り方】
1. 小松菜は2cm長さに切る。キウイは皮をむき、2cm角程度に切る。
2. ボトルに小松菜、キウイ、はちみつ、ヨーグルトドリンクの順に入れ、攪拌する。

効果

アンチエイジング	黄金回数
美肌効果	便秘改善
むくみ改善	貧血改善

小松菜、キウイ、ヨーグルトドリンクはどれも栄養価が高く、さまざまな悩みに効果的な組み合わせ。小松菜とヨーグルトドリンクは**カルシウム**も豊富でイライラ改善にも効果的。

どんな食材とも相性のよいパインをプラス
小松菜＋パイナップル

【材料】ボトル1杯分
小松菜……1/6束
パイナップル……100g
はちみつ……小さじ2
レモン汁……小さじ1/2
水……150㎖

【作り方】
1 小松菜は2㎝長さに切る。パイナップルは皮と芯を取り除き、2㎝角程度に切る。
2 ボトルに小松菜、パイナップル、はちみつ、レモン汁、水の順に入れ、攪拌する。

小松菜ベース

効果

アンチエイジング	疲労回復
美肌効果	便秘改善
むくみ改善	貧血改善

小松菜は**鉄**を豊富に含むので、鉄不足が原因でおこる鉄欠乏性貧血に効果的。そのほかには**カリウム**や**β-カロテン**を含むのでむくみ、アンチエイジングにも効果があります。

青菜をたくさんとりたい方におすすめ
小松菜＋パセリ＋りんご

【材料】ボトル1杯分
小松菜……1/6束
パセリ……5g
りんご……1/4個
はちみつ……小さじ2
無調整豆乳……150mℓ

【作り方】
1. 小松菜は2cm長さに切る。パセリは茎を取り除く。りんごは芯と種を取り除き、2cm角程度に切る。
2. ボトルに小松菜、パセリ、りんご、はちみつ、豆乳の順に入れ、攪拌する。

効果

アンチエイジング	便秘改善
美肌効果	疲労回復
むくみ改善	貧血改善

小松菜とパセリには**β-カロテン**が豊富。β-カロテンは必要に応じて体内で**ビタミンA**に変換され、のどや鼻などの粘膜を健康に保ってくれるので、かぜ予防にも有効です。

野菜が飲みやすくなる牛乳ベースで
小松菜＋きゅうり＋バナナ

【材料】ボトル1杯分
小松菜……1/6束
きゅうり……1/4本
バナナ……1/2本
はちみつ……小さじ2
牛乳……150mℓ

【作り方】
1　小松菜は2cm長さに切る。バナナは皮をむき、2cm角程度に切る。きゅうりはへたを取り、2cm角程度に切る。
2　ボトルに小松菜、バナナ、きゅうり、はちみつ、牛乳の順に入れ、攪拌する。

効果
｜アンチエイジング｜疲労回復｜
｜美肌効果｜便秘改善｜
｜むくみ改善｜貧血改善｜

小松菜ベース

強い甘みが苦手な方におすすめ
小松菜＋アボカド＋オレンジ

【材料】ボトル1杯分
小松菜……1/6束
アボカド……1/4個
オレンジ……1/2個
はちみつ……小さじ2
レモン汁……小さじ1
水……100mℓ

【作り方】
1　小松菜は2cm長さに切る。アボカドは皮と種を取り除き、2cm角程度に切る。オレンジは皮と種を取り除き、2cm角程度に切る。

2　ボトルに小松菜、アボカド、オレンジ、はちみつ、レモン汁、水の順に入れ、攪拌する。

効果
｜アンチエイジング｜疲労回復｜
｜美肌効果｜便秘改善｜
｜むくみ改善｜貧血改善｜

にんじんは水分の多いフルーツと相性抜群
にんじん+いちご

【材料】ボトル1杯分
にんじん……1/2本
いちご……5個
はちみつ……小さじ2
レモン汁……小さじ1
水……150㎖

【作り方】
1 にんじんは2㎝角程度に切る。いちごはへたを取り、2㎝角程度に切る。
2 ボトルににんじん、いちご、はちみつ、レモン汁、水の順に入れ、攪拌する。

効果

アンチエイジング	
むくみ改善	

いちごには**ビタミンC**が多く含まれ、その含有量は果物の中でもトップクラスです。ただ、ビタミンCは不安定でこわれやすいので、新鮮なものを購入し、早めに使いましょう。

抗酸化力が高いスムージーで元気な一日を
にんじん+パイナップル

【材料】ボトル1杯分
にんじん……1/2本
パイナップル……100g
はちみつ……小さじ2
レモン汁……小さじ1/2
牛乳……150㎖

【作り方】
1 にんじんは2㎝角程度に切る。パイナップルは皮と芯を取り除き、2㎝角程度に切る。
2 ボトルににんじん、パイナップル、はちみつ、レモン汁、牛乳の順に入れ、攪拌する。

効果

アンチエイジング	
美肌効果	
むくみ改善	

にんじんに含まれる**β-カロテン**はアンチエイジングに効果的。パイナップルには**ビタミンC**が豊富で、**ビタミンB₂**を含む牛乳と組み合わせることで美肌効果が望めます。

にんじん
ベース

トロッとした仕上がりで味もしっかり濃厚

にんじん＋マンゴー＋黄パプリカ

【材料】ボトル1杯分
にんじん……1/3本
ペリカンマンゴー……1/2個
黄パプリカ……1/4個
はちみつ……小さじ2
ヨーグルトドリンク……150㎖

【作り方】
1 にんじんは2㎝角程度に切る。パプリカはへたと種を取り除き、2㎝角程度に切る。マンゴーは皮と種を取り除き、2㎝角程度に切る。
2 ボトルににんじん、パプリカ、マンゴー、はちみつ、ヨーグルトドリンクの順に入れ、攪拌する。

効果

アンチエイジング	疲労回復
美肌効果	便秘改善
むくみ改善	貧血改善

にんじんとマンゴーは**食物繊維**が豊富なので、**乳酸菌**を含むヨーグルトドリンクと組み合わせて飲むと腸内環境の改善に効果を発揮します。

セロリが苦手でも飲みやすい
にんじん+みかん+セロリ

【材料】ボトル1杯分
にんじん……1/3本
みかん……1個
セロリ……1/5本
はちみつ……小さじ2
レモン汁……小さじ1
水……100㎖

【作り方】
1　にんじんとセロリは2㎝角程度に切る。みかんは皮をむき、小房に分ける。

2　ボトルににんじん、セロリ、みかん、はちみつ、レモン汁、水の順に入れ、攪拌する。

効果
アンチエイジング	疲労回復
美肌効果	便秘改善
むくみ改善	貧血改善

にんじんベース

ピリッとしたしょうががアクセントに
にんじん+ルビーグレープフルーツ+しょうが

【材料】ボトル1杯分
にんじん……1/3本
ルビーグレープフルーツ
　　……1/2個
しょうが……1/4かけ
はちみつ……大さじ1
水……100㎖

【作り方】
1　にんじんは2㎝角程度に切る。グレープフルーツは皮と種を取り除き、2㎝角程度に切る。しょうがはすりおろす。

2　ボトルににんじん、グレープフルーツ、しょうが、はちみつ、水の順に入れ、攪拌する。

効果
アンチエイジング	疲労回復
美肌効果	便秘改善
むくみ改善	貧血改善

さわやかな風味でリフレッシュしたいときに◎
トマト＋りんご＋セロリ

【材料】ボトル1杯分
トマト……1個
りんご……1/6個
セロリ……1/5本
はちみつ……小さじ2
レモン汁……小さじ1
水……100㎖

【作り方】
1 りんごは芯と種を取り除き、2㎝角程度に切る。セロリは2㎝角程度に切る。トマトはへたを取り、2㎝角程度に切る。
2 ボトルにりんご、セロリ、トマト、はちみつ、レモン汁、水の順に入れ、攪拌する。

効果

アンチエイジング	疲労回復
美肌効果	便秘改善
むくみ改善	貧血改善

トマトに豊富な**リコピン**とは、トマトに含まれる色素成分のこと。常に紫外線にさらされる植物は色素で紫外線のダメージから守っているので、抗酸化作用が強力です。

ビタミンを手軽にチャージ
ミニトマト＋赤パプリカ＋バナナ

【材料】ボトル1杯分
ミニトマト……10個
赤パプリカ……1/4個
バナナ……1/2本
はちみつ……小さじ2
レモン汁……小さじ1
水……100ml

【作り方】

1　バナナは皮をむき、2cm角程度に切る。パプリカはへたと種を取り除き、2cm角程度に切る。ミニトマトはへたを取り、4等分に切る。

2　ボトルにバナナ、パプリカ、ミニトマト、はちみつ、レモン汁、水の順に入れ、攪拌する。

効果
アンチエイジング	疲労回復
美肌効果	便秘改善
むくみ改善	貧血改善

トマトベース

キレイな紫色で見た目も楽しめます
トマト＋ブルーベリー

【材料】ボトル1杯分
トマト……1個
ブルーベリー……50g
はちみつ……小さじ2
レモン汁……小さじ1
ヨーグルトドリンク
　　……100ml

【作り方】

1　トマトはへたを取り、2cm角程度に切る。

2　ボトルにブルーベリー、トマト、はちみつ、レモン汁、ヨーグルトドリンクの順に入れ、攪拌する。

効果
アンチエイジング	疲労回復
美肌効果	便秘改善
むくみ改善	貧血改善

COLUMN 3

マイボトルブレンダーが大活躍!!

スープ＆ドレッシング

マイボトルブレンダーはスムージーだけでなく、スープやドレッシングなども作ることができます。その中でも、火を使わずにできるスープと洗い物が簡単なノンオイルのドレッシングを厳選して紹介します。

にんにくの風味が味を引き締めてくれる
ガスパチョ

【材料】2人分
きゅうり……1/4本
トマト……1個
にんにく……1/10かけ
塩……少々
水……50㎖
オリーブ油……適宜
粗挽きこしょう……適宜

【作り方】
1. きゅうりとトマトはへたを取り、2㎝角程度に切る。にんにくはすりおろす。
2. ボトルにきゅうり、トマト、にんにく、塩、水の順に入れ、攪拌する。
3. 器に注ぎ入れ、オリーブ油をまわしかけて粗挽きこしょうをふる。

にんじんをすりおろすより簡単でなめらか！
ノンオイルドレッシング

【材料】作りやすい分量
にんじん……1/2本
玉ねぎ……1/8個
にんにく……1/5かけ
こしょう……少々
薄口しょうゆ……大さじ2
酢……大さじ2
水……50㎖

【作り方】
1. にんじん、玉ねぎは2㎝角程度に切る。にんにくはすりおろす。
2. ボトルににんじん、玉ねぎ、にんにく、こしょう、薄口しょうゆ、酢、水の順に入れ、攪拌する。

PART 4

プラス食材で効果アップ！
スペシャルスムージー

アーモンドやごま、きなこ、酢など栄養価の高い食材が登場！
プラスすることで健康＆美容効果がよりアップします。
ここぞというときのスペシャルな一杯に！

プラス食材_1 アンチエイジングに効く
🌰 アーモンド

アーモンドは強い抗酸化力を持つビタミンEが豊富で、ナッツ類の中では含有量ナンバーワン！ ビタミンEには末梢血管を広げて血行をアップする働きもあります。

後引く香りとザクザクした食感がポイント
アーモンド＋ミニトマト＋赤パプリカ＋いちご

プラス アーモンド

【材料】ボトル1杯分
ローストアーモンド……5粒
ミニトマト……5個
赤パプリカ……1/4個
いちご……5個
はちみつ……小さじ2
レモン汁……小さじ1
水……100mℓ

【作り方】
1 パプリカはへたと種を取り除き、2cm角程度に切る。いちごはへたを取り、2cm角程度に切る。ミニトマトはへたを取り、4等分に切る。
2 ボトルにアーモンド、パプリカ、いちご、ミニトマト、はちみつ、レモン汁、水の順に入れ、撹拌する。

プラス食材_2 アンチエイジングに効く

ごま

ごまには**セサミン**などの健康や美容によい効果を発揮する成分が多く含まれています。セサミンには強い抗酸化力があり、アルコールの分解を促進する作用があるといわれています。

ごまの風味抜群！デザートのようなおいしさ

ごま+マンゴー+パイナップル

【材料】ボトル1杯分
すり白ごま……小さじ2
ペリカンマンゴー……1/2個
パイナップル……100g
はちみつ……小さじ2
牛乳……150㎖

【作り方】
1 パイナップルは皮と芯を取り除き、2cm角程度に切る。マンゴーは皮と種を取り除き、2cm角程度に切る。
2 ボトルにパイナップル、マンゴー、すり白ごま、はちみつ、牛乳の順に入れ、攪拌する。

プラス ごま

プラス食材_3 アンチエイジングに効く
きなこ

きなこに含まれる**大豆イソフラボン**は、女性ホルモンに似た働きをしてホルモンバランスを整える効果が。また、**食物繊維**も豊富。少量加えるだけでも味に変化がつくのでおすすめです。

しっかりときなこが主張した和のスムージー

きなこ+バナナ+チンゲン菜

プラス
きなこ

【材料】ボトル1杯分
きなこ……小さじ2
バナナ……1本
チンゲン菜……1/2株
はちみつ……小さじ1
無調整豆乳……150㎖

【作り方】
1 チンゲン菜は2㎝長さに切る。バナナは皮をむき、2㎝角程度に切る。
2 ボトルにチンゲン菜、バナナ、きなこ、はちみつ、豆乳の順に入れ、攪拌する。

プラス食材_4 便秘改善に効く
オリゴ糖

オリゴ糖は腸内の善玉菌である**ビフィズス菌**を増やし、腸内環境を整える効果を持っています。便秘改善に効果があるほか、腸内環境がよくなることで免疫力も高まります。

すっきりとした飲み口。腸内環境を整えます
オリゴ糖＋バナナ＋ブルーベリー＋セロリ

【材料】 ボトル1杯分
オリゴ糖……小さじ2
バナナ……1本
ブルーベリー……50g
セロリ……1/4本
ヨーグルトドリンク……150mℓ

【作り方】
1. バナナは皮をむき、2cm角程度に切る。セロリは2cm角程度に切る。
2. ボトルにバナナ、セロリ、ブルーベリー、オリゴ糖、ヨーグルトドリンクの順に入れ、攪拌する。

プラスオリゴ糖

プラス食材_5 疲労回復に効く！
酢

酢の主成分である**酢酸**は、体内でほとんどクエン酸に変化します。**クエン酸**は疲労回復に大きな効果を持つほか、代謝をよくする効果も期待できます。

バランスのよい酸味で暑い季節にピッタリ
酢＋パイナップル＋みかん

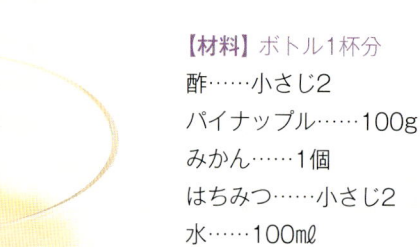

【材料】ボトル1杯分
酢……小さじ2
パイナップル……100g
みかん……1個
はちみつ……小さじ2
水……100㎖

【作り方】
1 パイナップルは皮と芯を取り除き、2cm角程度に切る。みかんは皮をむき、小房に分ける。
2 ボトルにパイナップル、みかん、はちみつ、酢、水の順に入れ、攪拌する。

プラス食材_6 ビタミン&ミネラル強化
青汁パウダー

青汁パウダーは**ビタミン**や**ミネラル**を手軽にとりたいときにおすすめです。苦くて飲みにくいなと感じるときは、甘みの強いフルーツと合わせると飲みやすくなります。

飲みやすい青汁スムージー
青汁パウダー＋水菜＋りんご＋パイナップル

【材料】ボトル1杯分
青汁パウダー……小さじ1/4
水菜……1/8束
りんご……1/4個
パイナップル……50g
はちみつ……小さじ2
ヨーグルトドリンク……150mℓ

【作り方】
1. 水菜は2cm長さに切る。りんごは芯と種を取り除き、2cm角程度に切る。パイナップルは皮と芯を取り除き、2cm角程度に切る。
2. ボトルに水菜、りんご、パイナップル、青汁パウダー、はちみつ、ヨーグルトドリンクの順に入れ、攪拌する。

毎日続けるための

お役立ちテク 5

健康のために続けて飲みたいスムージー。紹介する方法は忙しい朝や時間がないときにおすすめです。できたてを飲むより栄養や味は落ちてしまいますが、毎日続けることが大切なので、ぜひ活用してください。

\お役立ちテク/
1

食材を前日にカットして冷蔵しておく

包丁を使う食材は、前日に使う分だけをカットして保存容器に入れて冷蔵します。

※前日にカットした食材は翌日には使いきるようにしましょう。
※りんごやバナナ、アボカドは変色するので不向きです。

\お役立ちテク/
2

前日に食材をセットして冷蔵しておく

水分以外の食材をボトルにセットして、そのまま冷蔵します。朝起きたら、作る直前に水分を加えて攪拌するだけ!

※翌朝分だけセットするようにしましょう。
※りんごやバナナ、アボカドは変色するので不向きです。

\お役立ちテク/
3
冷凍食材を利用する

ブルーベリーやマンゴーなど、市販の冷凍食材を常備しておくのも手軽でおすすめ。使うときは解凍してから使いましょう。

(詳しくはP.77へ)

\お役立ちテク/
4
作ったスムージーを冷凍しておく

作ったスムージーは冷凍用保存袋に入れて冷凍することができます。(※2週間が目安) 解凍して飲むのはもちろん、凍ったままアイスとして食べてもおいしいです。

\お役立ちテク/
5
食材を冷凍しておく

冷凍できる食材はまとめてカットし、冷凍用保存袋に入れて冷凍します。食材の栄養価は落ちてしまいますが、お手軽度はぐんとアップ！ 使うときは解凍してから使いましょう。

冷凍に向いている食材

※冷凍する際は、冷凍用保存袋を使用しましょう。

食材	保存期間	保存方法
バナナ	1週間	皮をむいて2cm角程度に切り、レモン汁をまぶして冷凍
りんご	1週間	芯と種を取って皮つきのまま2cm角程度に切り、レモン汁をまぶして冷凍
オレンジ	1ヵ月	皮と種を取り、2cm角程度に切って冷凍
キウイ	1ヵ月	皮をむき、2cm角程度に切って冷凍程度
グレープフルーツ	1ヵ月	皮と種を取り、2cm角程度に切って冷凍
パイナップル	1ヵ月	皮と芯を取り、2cm角程度に切って冷凍
マンゴー	1ヵ月	皮と種を取り、2cm角程度に切って冷凍
いちご	1ヵ月	へたを取り、2cm角程度に切って冷凍
みかん	1ヵ月	皮をむき、小房に分けて冷凍
ぶどう	1ヵ月	4等分に切り、種を取って冷凍
ブルーベリー	1ヵ月	そのまま冷凍用保存袋に入れて冷凍
トマト	1ヵ月	へたを取り、2cm角程度に切って冷凍
ミニトマト	1ヵ月	へたを取り、4等分に切って冷凍
黄・赤パプリカ	1ヵ月	へたと種を取り、2cm角程度に切って冷凍

冷凍に向いていない食材

小松菜／ほうれん草／チンゲン菜／キャベツ／ブロッコリー／水菜／にんじん／セロリ／パセリ／青じそ／きゅうり／アボカド

冷凍方法

1 皮をむく

柑橘類、パイナップル、バナナなどの皮はむきます。りんごやぶどうなどの薄い皮は気にならなければむかなくてもかまいませんが、しっかり洗ってから使いましょう。

2 種を取り除いて2㎝角に切る

柑橘類、ぶどうなどのかたい種はしっかりと取り除き、2㎝角程度に切る。

3 冷凍用保存袋に入れる

ジッパー付き冷凍用保存袋に入れて冷凍する。入れる食材は1袋につき1種類までにしましょう。

レモン汁で変色を防止！

りんごやバナナにはレモン汁をまぶしておくと変色を防げます。

4 しっかりと密閉する

食材を入れ終わったら、空気を抜きながらしっかりと閉めて密閉させます。食材を平らにならしておくと取り出しやすくなります。

解凍方法

冷蔵庫に移して解凍
凍らせた食材は使う分を冷蔵庫へ移し、一晩かけて解凍します。

流水につけて解凍
ボウルに冷凍用保存袋を入れ、流水にさらして解凍します。

電子レンジで解凍
冷凍用保存袋の口をあけて電子レンジに入れ、解凍ボタンを押して解凍します。

POINT　食材の中心部分がかたいままだとブレンダーの刃が回らなくなってしまいます。手で触って、やわらかくなったなと感じるまでしっかりと解凍しましょう。

おすすめの食材カタログ

この本で紹介している食材の栄養素や機能性成分について紹介します。スムージーをおいしく作るために厳選した食材なので、まずはここで紹介している食材を使って作ってみてください。

果物

アボカド
抗酸化作用の強いビタミンEや、ミネラル、食物繊維などが豊富で"森のバター"とも呼ばれるほど。栄養価の高いフルーツです。

いちご
抗酸化作用があり、美肌などに効果のあるビタミンCが豊富。食物繊維やカリウムも含まれています。

オレンジ
ビタミンCや、疲労回復に役立つクエン酸が豊富。さわやかな甘みがどの食材とも相性抜群です。

キウイ
ビタミンC、食物繊維、カリウムなどを多く含むほか、タンパク質分解酵素も豊富です。

グレープフルーツ
ビタミンCやクエン酸を多く含み、美容や疲労回復にも効果的。さわやかな香りが気分を明るくしてくれます。

パイナップル
肉や魚などの消化を助けるタンパク質分解酵素が豊富。ほかにビタミンCやカリウムも含んでいます。

バナナ
体内の余分なナトリウムの排出を促してくれるカリウムの含有量が果物の中ではトップクラス。エネルギー源となる糖質が多いので腹持ちも◎。

ぶどう
紫色の皮に、抗酸化作用のあるアントシアニンが含まれているので、皮ごと使うのがポイントです。

ブルーベリー
目の疲れに効果的なアントシアニンが豊富。食物繊維も多く含みます。

マンゴー
濃厚な甘みが人気のトロピカルフルーツ。体内でビタミンAに変わるβ-カロテンを多く含みます。ほかには、ビタミンCや食物繊維も含まれています。

みかん
ビタミンCを豊富に含み、疲労回復に役立つクエン酸も多く含まれています。

りんご
甘みが強く、どの食材とも相性がよくて合わせやすい果物。特に皮に食物繊維が多いので、皮ごと使いましょう。

野菜

青じそ
β-カロテン、ビタミンE、カリウム、カルシウム、鉄、食物繊維などを豊富に含みます。香り成分には食欲を増進させる効果も。

赤パプリカ
青臭さや苦みはなく、肉厚で甘みがありジューシー。血行の促進に効果的なビタミンEや、抗酸化作用の高いビタミンCを豊富に含みます。

黄パプリカ
ビタミンEやビタミンCが豊富。むくみの改善に効果的な、カリウムも多く含んでいます。

キャベツ	胃の粘膜の新陳代謝を促す働きのあるビタミンUを多く含みます。ビタミンCが豊富で、カリウムや食物繊維も含んでいます。
きゅうり	きゅうりは95%が水分で、体内の余分なナトリウムの排出を促す作用のある、カリウムを多く含んでいます。
小松菜	カルシウムや鉄の含有量はほうれん草以上。ほかには、β-カロテン、ビタミンC、カリウム、食物繊維も豊富に含みます。
しょうが	辛み成分のショウガオールには、からだを温める効果があるといわれています。皮ごと使うのがおすすめです。
セロリ	独特の香りには、食欲増進やリラックス効果があるといわれています。カリウムや食物繊維などを豊富に含みます。
チンゲン菜	カルシウムや鉄、β-カロテンが豊富。青菜の中では青臭さが少なく、スムージーにすると飲みやすいです。
トマト	ビタミンC、β-カロテン、リコピンなど、抗酸化作用のある成分が豊富。さっぱりとした味はどの食材とも合わせやすくおすすめです。
にんじん	肌のうるおいに効果的なβ-カロテンと含有量はダントツ。ほかに、食物繊維も多く含んでいます。
パセリ	料理の色みや香りづけとして使われることが多いが、栄養価の高さは野菜の中でも群をぬくほど。β-カロテン、カルシウム、鉄、ビタミンCなどが豊富です。
ブロッコリー	β-カロテン、ビタミンC、ビタミンE、カリウム、食物繊維を豊富に含みます。
ほうれん草	カルシウム、鉄、カリウム、β-カロテンが豊富。シュウ酸を含むので、スムージーにはサラダほうれん草を使うのがおすすめです。
水菜	β-カロテン、ビタミンC、カリウム、鉄、カルシウムなどが豊富。みずみずしいので、さっぱりとしたスムージーになります。
ミニトマト	普通のトマトよりもビタミンCやβ-カロテン、カリウムなどの含有量が多い。甘みが強いので初心者でも飲みやすいスムージーに。

その他

牛乳	良質なタンパク質、ビタミンB_2などの各栄養素をバランスよく含みます。特に丈夫な骨を育てるカルシウムの含有率が高い。
豆乳	女性ホルモンに似た働きを持つ大豆イソフラボンが豊富で、鉄も多く含みます。無調整タイプのものを選びましょう。
はちみつ	腸内の善玉菌を増やす働きを持つオリゴ糖を含みます。甘みを足したいときに加えるのも◎。
ヨーグルトドリンク	腸内の善玉菌である乳酸菌が豊富。牛乳を原料にしているため、カルシウムやビタミンB_2も多く含みます。

松尾みゆき Matsuo Miyuki

管理栄養士・料理研究家・フードコーディネーター
大手食品メーカーでカフェや惣菜店などのメニュー開発に携わったのち、2005年に独立。現在は健康と料理をテーマにした食全般のコーディネーターとして書籍や雑誌、TV、WEB、広告などを中心に活動中。ヘルシーメニューの開発や栄養バランスを考えた食事は簡単でわかりやすいと定評がある。著書に『サラダスムージー』（永岡書店）、『ダイエットごはんビギナーズ』（新生出版社）、『太らないおやつ、きれいになるデザート』（ナツメ社）などがある。

STAFF
撮影　　山下千絵
デザイン　下舘洋子（ボトムグラフィック）
構成・編集　荒木雅子　望月美佳　今井綾子　平山果林（以上、マガジントップ）

Vitantonioのお問い合わせ先
㈱mhエンタープライズ
☎03-6758-2074
http://www.vitantonio.jp/

本書の内容に関するお問い合わせは、お手紙かメール（jitsuyou@kawade.co.jp）にて承ります。恐縮ですが、お電話でのお問い合わせはご遠慮くださいますようお願いいたします。

Vitantonio マイボトルブレンダーで作る ヘルシースムージーレシピ

2014年6月20日　初版印刷
2014年6月30日　初版発行

著　者　　松尾みゆき
発行者　　小野寺優
発行所　　株式会社河出書房新社
　　　　　〒151-0051
　　　　　東京都渋谷区千駄ヶ谷2-32-2
　　　　　電話　03-3404-8611（編集）
　　　　　　　　03-3404-1201（営業）
　　　　　http://www.kawade.co.jp/
印刷・製本　図書印刷株式会社
ISBN978-4-309-28445-3
Printed in Japan

落丁・乱丁本はお取り替えいたします。
本書のコピー、スキャン、デジタル化等の無断複製は著作権法上での例外を除き、禁じられています。本書を代行業者等の第三者に依頼してスキャンやデジタル化することは、いかなる場合も著作権法違反となります。